Estrategias sencillas para impulsar su presencia en línea [que toda empresa debería aplicar]

I0416742

PRESENTACIÓN

CAPÍTULO 1: INTRODUCCIÓN AL MARKETING DIGITAL: UNA VISIÓN GENERAL FÁCIL DE ENTENDER DE LO QUE ES EL MARKETING DIGITAL Y POR QUÉ ES ESENCIAL PARA LAS EMPRESAS LOCALES

CAPÍTULO 2: IDENTIFICAR A SU PÚBLICO OBJETIVO: CÓMO SABER QUIÉNES SON SUS CLIENTES Y QUÉ BUSCAN EN INTERNET

CAPÍTULO 3: MARKETING DE CONTENIDOS BÁSICO: CONSEJOS PARA CREAR CONTENIDOS RELEVANTES QUE ATRAIGAN E INVOLUCREN A SU AUDIENCIA

CAPÍTULO 4: USO EFICIENTE DE LAS REDES SOCIALES: ESTRATEGIAS SENCILLAS PARA UTILIZAR PLATAFORMAS COMO FACEBOOK E INSTAGRAM PARA PROMOCIONAR TU NEGOCIO

CAPÍTULO 5: FUNDAMENTOS DE SEO PARA PRINCIPIANTES: CONCEPTOS BÁSICOS DE SEO PARA MEJORAR LA VISIBILIDAD DE SU SITIO EN LOS MOTORES DE BÚSQUEDA

CAPÍTULO 6: EMAIL MARKETING PARA PEQUEÑAS EMPRESAS: CÓMO INICIAR CAMPAÑAS DE EMAIL MARKETING EFICACES Y FÁCILES DE GESTIONAR

CAPÍTULO 7: ANÁLISIS DE DATOS SENCILLOS: COMPRENDER Y UTILIZAR DATOS BÁSICOS PARA MEJORAR SU PRESENCIA EN LÍNEA

CAPÍTULO 8: PUBLICIDAD EN LÍNEA ASEQUIBLE: INTRODUCCIÓN A LA PUBLICIDAD DIGITAL Y CÓMO EMPEZAR CON UN PRESUPUESTO LIMITADO

CAPÍTULO 9: RESPUESTA A LAS RESEÑAS Y GESTIÓN DE

LA REPUTACIÓN ONLINE: CÓMO GESTIONAR LA REPUTACIÓN ONLINE DE SU EMPRESA Y RESPONDER A COMENTARIOS Y RESEÑAS

CAPÍTULO 10: PLAN DE ACCIÓN Y MEDIDAS DEL ÉXITO: DEFINICIÓN DE OBJETIVOS CLAROS Y MENSURABLES Y CÓMO EVALUAR EL ÉXITO DE SUS ESTRATEGIAS EN LÍNEA.

CAPÍTULO 11: CONCLUSIÓN Y HOJA DE RUTA PARA APLICAR LAS ESTRATEGIAS APRENDIDAS DURANTE LOS PRÓXIMOS 90 DÍAS, EMPEZANDO HOY MISMO: UN PASO A PASO DIARIO PARA QUE LOS EMPRESARIOS APLIQUEN LAS SENCILLAS ESTRATEGIAS

REGINALDO OSNILDO

PRESENTACIÓN

Bienvenido al libro "**Estrategias sencillas para impulsar su presencia en Internet [que toda empresa debería aplicar]**". Si es usted propietario o gerente de una pequeña o mediana empresa (PYME), este libro se ha diseñado pensando en usted y en los retos que supone promocionar su negocio en Internet.

Sabemos que llevar un negocio ya le quita mucho tiempo, así que hemos preparado esta guía práctica y objetiva, centrada en estrategias probadas que realmente funcionan y que puede aplicar sin complicaciones.

A lo largo de los próximos capítulos, aprenderá lo esencial del marketing digital y descubrirá formas sencillas y asequibles de aumentar la presencia de su empresa en Internet. Pasaremos de la identificación de tu público objetivo y la creación de contenidos atractivos en las redes sociales, a la mejora del posicionamiento en buscadores, la puesta en marcha de campañas de email marketing y mucho más.

La idea es ofrecer una introducción completa pero simplificada al mundo del marketing digital, destacando sólo lo que es realmente imprescindible para que pequeñas empresas como la tuya puedan destacar en Internet. Saldrá de este libro preparado para poner en práctica las principales estrategias y empezar a cosechar los frutos de una sólida presencia digital.

Y no se preocupe si parte de cero en cuanto a conocimientos de marketing digital. Hemos pensado en todos los detalles importantes y explicado cada concepto de forma clara y objetiva, utilizando un lenguaje sencillo y ejemplos prácticos.

A continuación encontrará un resumen de lo que encontrará en cada capítulo:

Capítulo 1 - Introducción al marketing digital: entienda qué es el marketing digital, su importancia hoy en día y por qué invertir en él es esencial para atraer más clientes.

Capítulo 2 - Cómo identificar a tu público objetivo: aprende

6

a definir a tu público objetivo para orientar tus acciones y contenidos online.

Capítulo 3 - Marketing de contenidos básico: vea cómo producir contenidos relevantes en las redes sociales para atraer a su público.

Capítulo 4 - Uso eficiente de las redes sociales: conozca las principales redes sociales y cómo utilizarlas en su beneficio para promocionar su marca y sus productos.

Y así sucesivamente, cubriendo todas las estrategias fundamentales como SEO, email marketing, publicidad online, gestión de la reputación, establecimiento de objetivos y medición de resultados.

En el capítulo final, encontrarás un plan de acción detallado, paso a paso, para aplicar todo lo que has aprendido durante 90 días. Es tu plataforma de lanzamiento para despegar en Internet.

A medida que vayas leyendo, te invitamos a poner en práctica estos consejos. Queremos que este libro sea una guía viva que puedas consultar y seguir al pie de la letra para ver resultados concretos en tu negocio.

¡Prepárate para potenciar tu presencia en Internet!

Esperamos que encuentres mucho valor en estas páginas. ¡Feliz lectura y mucho éxito! Pasemos juntos al siguiente capítulo.

Atentamente,

Reginaldo Osnildo, PhD.

CAPÍTULO 1: INTRODUCCIÓN AL MARKETING DIGITAL: UNA VISIÓN GENERAL FÁCIL DE ENTENDER DE LO QUE ES EL MARKETING DIGITAL Y POR QUÉ ES ESENCIAL PARA LAS EMPRESAS LOCALES

Este capítulo pretende dar una visión sencilla e introductoria de lo que es el marketing digital y por qué es tan importante para negocios locales como el suyo.

Empecemos por explicar qué se entiende por esta expresión tan utilizada cuando hablamos de estrategias para promocionar marcas y productos en Internet: marketing digital.

El marketing se refiere a todas las acciones para promocionar marcas, productos y servicios. Las estrategias de marketing permiten a las empresas locales, como su PYME, conectar con clientes potenciales a través de anuncios fuera de línea (revistas, periódicos, folletos, radio, etc.).

Y precisamente por eso las estrategias de marketing digital se han vuelto indispensables para cualquiera que quiera hacer crecer su negocio hoy en día. Cada vez más consumidores investigan, comparan opciones e incluso realizan compras 100% online.

Según datos recientes en Brasil

- 72% de los consumidores investigan online antes de comprar en tiendas físicas;

- El 64% de las personas confía más en las opiniones online de otros compradores que en la publicidad tradicional;

- el 52% de los consumidores realiza búsquedas locales en su smartphone para encontrar tiendas, productos o servicios cerca de su ubicación.

Así que está claro que si su PYME no está encontrando a estos consumidores durante las búsquedas online, se están perdiendo muchas ventas.

Y una presencia digital sólida va mucho más allá de tener un sitio web o una página de Facebook. Es necesario poner en marcha estrategias de marketing digital bien planificadas para atraer realmente la atención de estos clientes potenciales y destacar entre la competencia.

Explicación de la importancia del marketing digital

El marketing digital hace referencia a todas las estrategias y técnicas de marketing aplicadas a los medios digitales, como sitios web, redes sociales, motores de búsqueda y otros canales en línea. El objetivo principal es promocionar su marca y conectar su empresa con el público a través del entorno digital.

En otras palabras, mientras que el marketing tradicional se centra en la publicidad offline (revistas, periódicos, folletos, radio, etc.), el marketing digital concentra sus esfuerzos en los espacios y plataformas online.

¿Y por qué es esto tan importante hoy en día? Muy sencillo: porque en Internet es donde está su público.

La gente pasa cada vez más tiempo en línea, ya sea buscando productos y servicios, consumiendo contenidos, interactuando en las redes sociales o informándose sobre noticias. Ignorar este comportamiento es dejar su negocio fuera del radar de nuevos clientes potenciales.

Además, el marketing digital tiene muchas ventajas únicas en comparación con los enfoques tradicionales, como por ejemplo

- Menor coste para llegar a más personas

- Medición de resultados en tiempo real

- Orientación precisa de las audiencias

- Mayor control sobre su comunicación

- Personalización de la experiencia del usuario

- Automatización de procesos

Para una PYME que desee ampliar sus ventas y llegar a nuevos clientes locales, está más que demostrado que tener presencia en Internet mediante estrategias de marketing digital es absolutamente esencial hoy en día. No hay vuelta de hoja: ¡tu empresa necesita digitalizarse!

Ventajas del marketing digital para las pequeñas empresas

Puede que aún no esté convencido al 100% de que merezca la pena invertir tiempo y recursos en marketing digital. Pero tenga en cuenta estos efectos positivos demostrados:

Mayor alcance de tu marca: a través del entorno online puedes exponer tu marca y tus productos a muchas más personas, ampliando las posibilidades de negocio.

Mejor visibilidad local: los habitantes y clientes potenciales buscan información sobre negocios locales en Internet, por lo que es crucial tener presencia digital.

Mayor compromiso con tu público: puedes interactuar directamente con clientes y seguidores a través de las redes sociales, acercando tu marca y generando relaciones más sólidas.

Ventas 24 horas: tu tienda online o canales digitales funcionan las 24 horas del día, tomando pedidos y vendiendo incluso cuando tu tienda física está cerrada.

Modernización de tu marca: demostrar que también utilizas canales online transmite una imagen de modernidad y actualización que atrae a nuevos clientes.

Ahorro y optimización: diversas estrategias de marketing digital pueden implementarse con una baja inversión y ayudan a reducir costes en otras áreas.

¡Espero haberte convencido de la importancia del marketing digital para que los pequeños negocios locales destaquen hoy en día!

En las próximas páginas entraremos más en detalle, enseñándote los conceptos básicos para que puedas dar tus primeros pasos con las estrategias digitales.

No olvides seguir nuestros próximos capítulos, donde te presentaremos las mejores tácticas y herramientas para que puedas aplicar fácilmente el marketing digital a tu negocio e impulsar tu presencia online.

¿Estás preparado para dominar el entorno digital?

En el próximo capítulo nos sumergiremos en la comprensión del público objetivo, que es la base de cualquier estrategia de marketing, ya sea digital o tradicional. Pero ya puedes dar el siguiente paso crucial, que es evaluar tu presencia online actual y tus necesidades más acuciantes.

Nos vemos allí.

CAPÍTULO 2: IDENTIFICAR A SU PÚBLICO OBJETIVO: CÓMO SABER QUIÉNES SON SUS CLIENTES Y QUÉ BUSCAN EN INTERNET

Ahora que ya conoce los principios básicos del marketing digital, es hora de ponerse manos a la obra y empezar a diseñar sus estrategias personalizadas. Y el elemento más importante a la hora de orientar tus acciones es conocer a fondo quién es tu público objetivo.

En este capítulo, te guiaré paso a paso por el proceso de identificar a tus clientes ideales y analizar cómo se comportan en Internet. Con esta información en la mano, estarás listo para orientar tus esfuerzos de marketing digital específicamente para atraer a más de este público ¡y hacer despegar tu negocio!

¿Qué es?

¿Qué es un público objetivo?

En primer lugar, tenemos que entender el concepto de público objetivo (o persona, como también se le llama). El público objetivo representa un grupo específico de personas que tienen más probabilidades de estar interesadas en su producto o servicio.

Por tanto, es un error querer vender a "todo tipo" de personas. Esto hace que sus iniciativas de marketing sean demasiado genéricas. Lo ideal es dirigir su comunicación y sus esfuerzos a un grupo bien definido con características e intereses comunes.

Pero, ¿cuál es la mejor manera de definir y comprender a este público? Existen técnicas bien establecidas para ello, que trataremos en las siguientes secciones.

Creación de buyer personas

Un buyer persona es un perfil semi-ficticio que representa a sus clientes ideales. Para crearlos, primero debe recopilar toda la información posible sobre sus clientes reales, como por ejemplo

- Datos demográficos (edad, sexo, estado civil, ingresos familiares, nivel educativo, tipo de vivienda, etc.)

- Ubicación geográfica (país, estado, ciudad)

- Comportamientos y hábitos (¿qué les gusta hacer en su tiempo libre?)

- Molestias y necesidades (¿qué problemas quieren resolver comprando su producto?)

- Objeciones o impedimentos a la compra

La idea es elaborar perfiles sociodemográficos detallados y comprender en profundidad los intereses, valores y motivaciones que subyacen a las decisiones de compra de estos personajes.

Algunas personas pueden acabar siendo muy similares. Otros pueden representar públicos objetivo completamente diferentes. Lo ideal es crear entre 2 y 4 personas para su empresa.

Puede definir nombres ficticios, edades, fotos representativas e incluso breves descripciones en primera persona para personificar cada perfil. Esto ayuda a tu equipo a tener siempre presentes a estas personas como tus clientes ideales.

Analizar su comportamiento digital

Ahora vamos a entender cómo se comporta tu público objetivo en Internet. ¿Dónde navegan por Internet? ¿Qué términos de búsqueda utilizan? ¿Qué contenidos consumen?

Puede averiguar estas respuestas analizando

- De dónde procede el tráfico de su sitio web

- Qué términos utiliza la gente para llegar a su sitio

- Qué comenta y comparte su audiencia en las redes sociales

- Qué sitios web y blogs frecuentan

- Las páginas de la competencia que atraen a su público objetivo

Haz la prueba buscando en Google y en las redes sociales con las palabras clave que utilizaría tu público. Vea cuáles son los principales sitios que se muestran y los formatos de contenido más utilizados (vídeos, textos, etc.).

Herramientas analíticas como Google Analytics también proporcionan información valiosa sobre geolocalización, edad, sexo y los recorridos que hacen tus visitantes por tu sitio.

Todos estos consejos le ayudarán a trazar los principales puntos de contacto en línea con su público objetivo. Así será más fácil atraerlos con contenidos relevantes.

Limitar el enfoque

A medida que conoces a tus clientes ideales, ciertos perfiles tienden a destacar porque ya te compran más hoy o porque tienen un gran potencial de futuro.

Por ejemplo, si tienes una tienda de mascotas, puedes darte cuenta de que el 73% de tus ventas proceden de mujeres, de entre 30 y 50 años, casadas y con hijos. En otras palabras, este podría ser su principal comprador ahora mismo.

No tema centrar gran parte de sus esfuerzos de marketing en este público tan rentable. Ya han mostrado interés y son su prioridad para aumentar las ventas rápidamente.

Mantenga actualizados a sus buyer personas Pueden surgir nuevos consumidores con perfiles diferentes y debe estar preparado para ajustar sus estrategias en consecuencia.

Espero que ahora conozca bien a su público objetivo y cómo se comporta en los medios digitales. Esta información marcará el rumbo de todas nuestras próximas iniciativas de marketing digital.

En el próximo capítulo, te enseñaré conceptos sencillos de marketing de contenidos para crear publicaciones y materiales que realmente atraigan a tu público objetivo, les enganchen y conviertan a los visitantes en clientes.

¡Nos vemos allí!

CAPÍTULO 3: MARKETING DE CONTENIDOS BÁSICO: CONSEJOS PARA CREAR CONTENIDOS RELEVANTES QUE ATRAIGAN E INVOLUCREN A SU AUDIENCIA

Ahora que conocemos bien a nuestro público objetivo y dónde encontrarlo en Internet, ¡es hora de empezar a atraerlo!

Y la forma más eficaz de atraer la atención y el interés de cualquier persona hoy en día es a través de contenidos relevantes y atractivos.

Por eso, en este capítulo voy a presentarte todo lo que necesitas saber sobre marketing de contenidos para que puedas empezar a producir material increíble para tu audiencia.

¿Qué es?

¿Qué es el marketing de contenidos?

El marketing de contenidos se refiere a cualquier tipo de medio digital (texto, vídeo, audio, infografía, libros electrónicos, etc.) que una marca crea y distribuye en línea con el objetivo no sólo de vender, sino de educar, informar y atraer a su público objetivo.

En otras palabras, es un tipo de enfoque centrado en atraer a las personas adecuadas ofreciéndoles contenidos extremadamente útiles, relevantes e interesantes.

En lugar de promocionar sus productos todo el tiempo o hacer anuncios agresivos, la idea es ganarse primero la confianza y simpatía del público, estableciendo su empresa como una fuente fiable de información en ese nicho.

Pero, ¿por qué funciona tan bien esta estrategia?

Beneficios del marketing de contenidos

Algunos de los principales beneficios del marketing de contenidos son:

- Atraer más visitantes cualificados a su sitio web

- Reducir la necesidad de invertir en anuncios de pago

- Aumentar las tasas de conversión en ventas

- Mejorar la percepción de su marca y sus productos

- Posicionar su empresa como una autoridad en el segmento

- Superar a la competencia ofreciendo más valor al consumidor

En otras palabras, invertir en contenidos de calidad es una estrategia probada con un gran retorno de la inversión para conquistar nuevos clientes.

Ahora que conoces la importancia de producir contenidos, pasemos a los consejos para crear un material increíble.

Elegir formatos de contenido

Existen multitud de formatos que puedes utilizar para producir contenidos, como por ejemplo:

- Artículos de blog

- Vídeos

- Podcasts

- Libros electrónicos

- Infografías

- Listas y guías

- Casos prácticos

- Encuestas

- Seminarios web

Analice los formatos que más consume su público objetivo y empiece por ahí. Un buen consejo es también variar entre formatos, aportando nuevos contenidos en vídeo, audio y texto.

Así mantendrá el interés de su público.

Definir temas y títulos atractivos

Ahora que ya sabes con qué formatos quieres trabajar, es hora de determinar de qué vas a hablar en esos contenidos.

Recuerda siempre los intereses, necesidades y dolores de tu público objetivo. ¿Qué tipo de contenido les aportaría realmente valor?

Algunas ideas son

- Soluciones a problemas comunes

- Consejos para ahorrar y reducir costes

- Cómo fabricar o utilizar su producto

- Errores que hay que evitar

- Tendencias y noticias del sector

- Estudios y estadísticas interesantes

- Casos prácticos de éxito

- Listas de las 5, 10 o 15 cosas más importantes

- Guías paso a paso

Para los títulos, utilice frases atractivas con la estructura "Cómo hacer X", "La guía definitiva de X", "El mejor X".

Amplia difusión

Por último, de nada sirve crear contenidos increíbles si nadie tiene acceso a ellos. Necesitas amplificar la distribución, utilizando todos los canales posibles:

- Tu sitio web y blog

- Las redes sociales

- Marketing por correo electrónico

- Aplicaciones de mensajería

- Medios de pago para potenciar las publicaciones

- Asociaciones con otros sitios y personas influyentes

Cuanto mayor sea el alcance de tu mensaje, más éxito tendrá y más público atraerás.

Bueno, espero que ahora estés inspirado con un montón de ideas y listo para empezar a producir contenidos sensacionales para tu audiencia.

En el próximo capítulo, te enseñaré poderosas estrategias para potenciar aún más tu presencia en las redes sociales. ¡No te lo pierdas!

¡Nos vemos allí!

CAPÍTULO 4: USO EFICIENTE DE LAS REDES SOCIALES: ESTRATEGIAS SENCILLAS PARA UTILIZAR PLATAFORMAS COMO FACEBOOK E INSTAGRAM PARA PROMOCIONAR TU NEGOCIO

Llegados a este punto, ya conoces los conceptos básicos sobre marketing digital y marketing de contenidos. Ahora es el momento de sumergirte en una de las áreas más importantes y con mayor alcance potencial para las pequeñas empresas: ¡las redes sociales!

En este capítulo, voy a enseñarte todo lo que tienes que hacer para utilizar de forma eficaz y rentable las principales plataformas sociales -especialmente Facebook e Instagram- para promocionar tu marca e impulsar tus ventas.

¿Empezamos?

La importancia de las redes sociales hoy en día

No es ninguna novedad para nadie que plataformas como Facebook, Instagram y YouTube dominan por completo la atención de la gente en Internet hoy en día. Son aplicaciones que tenemos la costumbre de consultar decenas de veces al día, tanto en el móvil como en el ordenador.

Y para las marcas locales, estar donde su público pasa tanto tiempo es una oportunidad única para ganar visibilidad, interactuar con clientes potenciales y generar notoriedad de marca con un coste mínimo.

Pero no basta con crear un perfil en las redes sociales. Hay que saber utilizarlas en beneficio propio para atraer realmente a seguidores comprometidos y generar ventas.

En las siguientes secciones, nos centraremos en todo lo que hay que hacer en Facebook e Instagram, que son ahora dos de los principales escaparates sociales para que las empresas locales destaquen.

Optimizar el perfil y la página de Facebook

En primer lugar, si aún no tienes una página oficial de Facebook para tu negocio, ¡date prisa en crear una! Además de una página profesional, también deberías mantener activo tu perfil personal en la plataforma, interactuando con grupos locales y promocionando tu negocio.

Después, tómate tu tiempo para optimizar al máximo tu página de empresa:

- Elige una foto de portada estandarizada para tu marca

- Publica fotos y vídeos llamativos de tus productos y servicios.

- Rellena toda la información de descripción, dirección, sitio web, etc.

- Defina claramente los botones de acción "Contacto" y "Comprar

- Cree y gestione activamente el feed de publicaciones

Recuerda también interactuar con los visitantes de la página, respondiendo a todos los mensajes y comentarios. Esto transmite una imagen de cercanía a su público.

Atraer seguidores cualificados

Ahora es el momento de empezar a ganar alcance y seguidores. Algunas de las mejores estrategias son:

- Invertir en anuncios de pago dirigidos a tu público objetivo.

- Publicar regularmente con contenido relevante

- Utilizar hashtags locales y temáticos para aumentar el alcance

- Promover sorteos y regalos para ganar likes y seguidores

- Patrocinar publicaciones con perfiles influyentes de su región

- Crear eventos e invitar a miembros de grupos locales

El objetivo es atraer a tu página al mayor número posible de personas realmente interesadas en el tipo de contenido y producto que ofreces.

Aprovechar las ventas en Instagram

Instagram, por su parte, tiene un potencial inmenso para vender realmente tu marca y tus productos de una forma visual y creativa. Es la red ideal para empresas de moda, gastronomía, viajes, interiorismo o que vendan cualquier artículo fotogénico.

La estrategia ideal se basa en tres pilares:

- Feed limpio y estandarizado:

Ten una línea visual única en tus fotos, utilizando los mismos filtros, composiciones y colores similares a los de tu marca.

- Destacados con productos/servicios:

En Stories y destacados, presenta tus artículos a la venta de forma atractiva, mostrando los productos en uso.

- Enlace directo a la compra:

Deja un enlace directo a tu web de venta o WhatsApp en la biografía de tu perfil, invitando a la gente a comprar una vez se hayan interesado por tus publicaciones.

Estas son sólo algunas ideas básicas sobre cómo aprovechar al máximo las principales redes sociales para promocionar una marca local.

Hay muchas más estrategias y funcionalidades que podemos explorar en estas potentes plataformas. Pero ya puedes empezar.

En el próximo capítulo, hablaré de un concepto fundamental para mejorar el alcance orgánico de tu sitio web y negocio online: SEO.

¡Nos vemos allí!

CAPÍTULO 5: FUNDAMENTOS DE SEO PARA PRINCIPIANTES: CONCEPTOS BÁSICOS DE SEO PARA MEJORAR LA VISIBILIDAD DE SU SITIO EN LOS MOTORES DE BÚSQUEDA

Ahora que hemos visto el poder de las redes sociales, es hora de centrarse en otro frente importante para mejorar la visibilidad en línea de su empresa: SEO, u optimización para motores de búsqueda.

En pocas palabras, SEO significa search engine optimization (optimización para motores de búsqueda) e implica un conjunto de técnicas para mejorar el posicionamiento de su sitio web en los resultados de Google y otros motores de búsqueda.

Por eso, dominar los fundamentos del SEO es fundamental para atraer más visitantes y clientes cualificados a través de búsquedas orgánicas, sin tener que invertir nada en anuncios.

En este capítulo, le presentaré algunos conceptos SEO introductorios pero esenciales que debe empezar a aplicar de inmediato para que su sitio web sea más visible y tenga más autoridad en Internet.

¿Empezamos este viaje?

Entender el SEO

Como ya hemos dicho, SEO son las siglas de Search Engine Optimization (optimización para motores de búsqueda). El objetivo del SEO es mejorar diferentes aspectos de un sitio web para que aparezca lo más arriba posible en los resultados orgánicos (no pagados) de los motores de búsqueda.

En otras palabras, cuando alguien escribe una palabra clave relacionada con su nicho en Google, usted quiere que su sitio web aparezca justo en la parte superior de los resultados, incluso en la primera página.

Esto se debe a que estar entre los primeros resultados orgánicos tiene algunas ventajas claras:

   - Mucha más gente hace clic en tu sitio y lo visita

   - Transmite la autoridad y relevancia de su marca

- Reduce la necesidad de anuncios de pago

- Atrae a más visitantes cualificados con intención de compra

- Mejora la visibilidad local de su negocio offline

Así que si realmente quiere aumentar su presencia en línea y atraer nuevos visitantes y ventas, no puede ignorar el SEO. Veamos algunos consejos sencillos pero eficaces para mejorar sus resultados.

Consejos SEO para principiantes

Empiece a aplicar estas 5 técnicas básicas de SEO de inmediato:

- Investigue las mejores palabras clave

  Determina exactamente qué términos y frases busca la gente en los productos/servicios que ofreces y céntrate en esas palabras, incorporándolas a tu contenido.

- Optimice las páginas y el texto del sitio web

  Incluya palabras clave buscadas orgánicamente en el título, la URL y el texto de cada página de su sitio. Esto mostrará a Google de qué trata la página.

- Mejore la experiencia móvil

  Hoy en día, la mayoría de las búsquedas se realizan desde teléfonos inteligentes. Por lo tanto, su sitio debe ser rápido, ligero y fácil de navegar en estos dispositivos.

- Aumente la autoridad con enlaces externos

  Consigue backlinks de otros sitios relacionados con tu contenido. Esto ayuda a Google a entender que usted es una autoridad en ese tema en particular.

- Analice los datos de Google Analytics

  Compruebe qué palabras clave atraen visitantes a sus

páginas y cuál es el comportamiento de navegación en su sitio. A continuación, concéntrese en optimizar aún más estas áreas.

Eso es lo básico. A medida que domine el SEO, podrá pasar a técnicas más avanzadas.

Herramientas SEO gratuitas

Para poner en práctica el SEO de forma simplificada, algunas herramientas que recomiendo son:

- Google Keyword Planner: para investigar nuevas palabras clave.

- Google Analytics: para analizar los datos de tu sitio web

- Google PageSpeed Insights: muestra la experiencia móvil del sitio

- MozBar o SEMRush: evalúa técnicamente una página

- Yoast SEO: Plugin SEO para WordPress

Y ya está. Empieza a aplicar estos consejos iniciales de optimización a los textos y páginas de tu sitio para escalar posiciones y atraer más tráfico y ventas a través de la búsqueda orgánica.

En el próximo capítulo, te enseñaré una importante estrategia de lead nurturing y automatización de ventas: ¡el email marketing!

¡Nos vemos allí!

CAPÍTULO 6: EMAIL MARKETING PARA PEQUEÑAS EMPRESAS: CÓMO INICIAR CAMPAÑAS DE EMAIL MARKETING EFICACES Y FÁCILES DE GESTIONAR

En las últimas lecciones, has visto diferentes maneras de llegar a más personas en línea y generar autoridad para tu negocio a través de contenido, SEO y redes sociales.

Ahora es el momento de aprender sobre una poderosa estrategia de nutrición de clientes potenciales y ventas continuas que es esencial para todas las pequeñas empresas: ¡el marketing por correo electrónico!

En este capítulo, te mostraré cómo crear y gestionar campañas de correo electrónico eficaces de forma sencilla para vender tus productos 24 horas al día, 7 días a la semana.

¿Empezamos?

¿Qué es el email marketing?

El email marketing es el envío automatizado o programado de comunicaciones comerciales relevantes a una base específica de contactos interesados en su negocio.

En otras palabras, una vez que haya recopilado correos electrónicos de clientes potenciales y clientes, puede seguir alimentando esta relación enviándolos periódicamente:

- Promociones

- Nuevos productos

- Consejos sobre contenidos

- Eventos

- Webinars y mucho más

Además de generar ventas continuas, este enfoque ayuda a fidelizar a su marca y a reducir los costes de marketing. Al fin y al cabo, la publicidad por correo electrónico es mucho más barata y práctica que el correo o los anuncios tradicionales.

Herramientas de marketing por correo electrónico

Para empezar sus campañas, primero tiene que elegir una buena herramienta de marketing por correo electrónico. Algunas opciones populares y fáciles de usar son

- MailChimp

- SendinBlue

- ActiveCampaign

Estas plataformas tienen plantillas de correo electrónico profesionales ya preparadas que puedes personalizar con tu contenido e identidad visual. También cuentan con funciones como análisis, automatización de flujos e integraciones CRM.

No tienes por qué limitarte a los ejemplos que he puesto, la mayoría tienen un plan gratuito o muy asequible para pequeñas empresas, lo que las hace muy atractivas para emprendedores que quieren iniciarse en el email marketing sin grandes inversiones.

Construir tu lista de contactos

Ahora es el momento de recopilar esos preciados correos electrónicos de clientes y clientes potenciales. Algunas formas sencillas de conseguir contactos interesados son

- Ofrecer un cupón de descuento a cambio del email.

- Crear lead magnets en tu web con contenido gratuito (e-book, video lección, checklist...) a cambio del contacto.

- Anunciar en redes sociales y Stories invitando a la gente a unirse a tu lista

- Crea versiones específicas de landing pages con formularios para captar leads

Respeta siempre al máximo la LGPD y sé completamente transparente sobre lo que harás con los datos que recopiles, dando a la gente la opción de darse de baja en cualquier momento. Esto es esencial.

Recuerda también segmentar tu lista, separando a los clientes actuales de los nuevos potenciales. Así podrá personalizar mejor sus comunicaciones.

Crear campañas eficaces

Por último, a la hora de crear tus campañas, apuesta por los correos electrónicos:

- Cortos y directos (máximo 200 palabras)

- Con diseño responsive (fáciles de leer en un móvil)

- Con llamadas a la acción claras (Compra ahora / Más información)

- Con imágenes y poco texto

- Con datos personales y segmentación por intereses

- Con indicadores de rendimiento monitorizados

Además, haz pruebas con diferentes días y horas de envío para saber qué funciona mejor para tu audiencia en cuanto a aperturas y clics.

Bueno, espero que ahora tengas la confianza suficiente para poner en marcha el marketing por correo electrónico para tu empresa. Es una estrategia rentable que no puede faltar en tu presencia digital.

En el próximo capítulo, conoceremos estrategias de bajo coste para potenciar tu presencia online a través de anuncios.

Nos vemos allí.

CAPÍTULO 7: ANÁLISIS DE DATOS SENCILLOS: COMPRENDER Y UTILIZAR DATOS BÁSICOS PARA MEJORAR SU PRESENCIA EN LÍNEA

Hasta ahora hemos visto varias estrategias de marketing digital para aumentar el alcance y las ventas de su negocio. Pero, ¿cómo saber si todas estas tácticas están funcionando realmente o no?

La respuesta está en el análisis de datos.

En este capítulo, te mostraré de forma sencilla y práctica cómo interpretar y utilizar métricas y datos esenciales para comprender qué está yendo bien o mal en tu presencia online. Con esta información en la mano, es mucho más fácil tomar decisiones asertivas.

¿Aprendemos más sobre el análisis de datos?

La importancia de basarse en datos

En pocas palabras, estar orientado a los datos significa tomar decisiones empresariales basadas en datos y hechos, no sólo en conjeturas y corazonadas.

Esto es especialmente importante en el mundo online, donde hay infinitas posibilidades de experimentar y optimizar para mejorar los resultados.

Algunas de las ventajas de adoptar una mentalidad basada en datos son:

- Reducir los riesgos en las decisiones de marketing

- Identificar los caminos que realmente conducen a las conversiones

- Eliminar iniciativas que no dan resultados

- Comprender mejor a su público y su mercado

- Apuntalar todo lo que hace con información sólida

Por eso es esencial seguir las métricas clave, establecer objetivos y tomar decisiones basadas en las cifras que proporcionan.

Herramientas de análisis esenciales

Para empezar a extraer esta valiosa información, algunas de las herramientas que necesitas conectar a tu sitio web y canales online son:

- Google Analytics

    La solución de analítica web más popular del mundo. Ofrece datos completos sobre el comportamiento de los visitantes de tu sitio.

- Analítica de Facebook

    Métricas de participación y alcance de tus publicaciones y anuncios en la red social.

- Consola de búsqueda de Google

    Información sobre las consultas orgánicas que llevan a la gente a su sitio y contenido.

- Herramientas de marketing por correo electrónico

    Datos sobre aperturas, clics y conversiones en sus campañas.

Los paneles de control como Google Data Studio también te ayudan a consolidar los datos de varias fuentes en paneles de control visuales fáciles de seguir.

Métricas y KPI esenciales

Analizar todas las cifras posibles sólo conseguirá abrumarle. Así que céntrate en las métricas realmente decisivas. Algunos KPI indispensables son

- Sesiones y usuarios en el sitio

- Páginas vistas

- Tasa de rebote y tiempo en el sitio

- Fuentes de tráfico (orgánico, social, directo...)

- Tasa de conversión de ventas

- Número de clientes potenciales captados

- Alcance en redes sociales

- Compromiso (me gusta, compartir, menciones...)

- Retorno de la inversión

Extraiga estos indicadores cruciales para todas sus iniciativas digitales y tendrá una visión 360 muy sólida de sus esfuerzos.

Preguntas a las que responden los datos

Además de mirar los números de forma aislada, sepa formularles preguntas poderosas, como por ejemplo

- ¿Qué fuente genera más ventas para mi empresa?

- ¿Qué términos de búsqueda atraen a los visitantes más cualificados?

- ¿Qué red social tiene el mejor compromiso con mi audiencia?

- ¿Qué publicaciones o productos funcionan mejor de forma orgánica?

- ¿Cuál es el ROI de mis anuncios online?

Este cuestionamiento continuo le ayudará a tomar las mejores decisiones basadas en lo que realmente funciona.

Bueno, espero que ahora te des cuenta de lo vital que es analizar datos sencillos de forma regular para entender tu presencia online y mejorar cada vez más tus iniciativas.

En el próximo capítulo, hablaré de cómo potenciar todo esto con publicidad digital asequible incluso con un presupuesto reducido.

¡Nos vemos allí!

CAPÍTULO 8: PUBLICIDAD EN LÍNEA ASEQUIBLE: INTRODUCCIÓN A LA PUBLICIDAD DIGITAL Y CÓMO EMPEZAR CON UN PRESUPUESTO LIMITADO

Después de conocer a fondo a tu público objetivo y trabajar en tu presencia orgánica en Internet, es hora de acelerar las cosas con un impulso publicitario adicional.

En este capítulo, te daré una introducción al mundo de la publicidad digital, destacando opciones asequibles para las pequeñas empresas que quieren ampliar su alcance y tráfico rápidamente, incluso con poco presupuesto disponible.

¿Empezamos?

¿Qué es la publicidad digital?

La publicidad digital o publicidad en línea hace referencia a todos los formatos de anuncios de pago que se publican en Internet con el objetivo de promocionar marcas, productos, servicios y atraer más ventas o clientes potenciales.

Algunos ejemplos populares son los enlaces y banners patrocinados de Google, los anuncios de Facebook e Instagram, las ventanas emergentes en sitios web específicos, la publicidad nativa en blogs, etc.

Se trata de un mercado bien establecido que genera decenas de miles de millones de inversión cada año solo en Brasil. Y no es de extrañar: para las pequeñas empresas locales con un presupuesto limitado, empezar con la publicidad digital es más sencillo y barato que a través de los canales tradicionales, lo que permite obtener grandes beneficios.

Además, en la actualidad existen multitud de plataformas y formatos de publicidad digital que pueden probarse y ampliarse gradualmente para encontrar exactamente lo que funciona para su negocio.

En la siguiente sección hablaré de algunas de ellas, ideales para pequeños anunciantes.

Opciones asequibles de publicidad en línea

He aquí algunos canales asequibles para iniciarse en la publicidad digital:

- Anuncios de Google

  Sistema de enlaces patrocinados de Google. Céntrate en palabras muy específicas de tu negocio para atraer solo leads hipercalificados.

- Anuncios en Facebook e Instagram

  Anúnciate a usuarios con el mismo perfil e intereses en las redes sociales. Utiliza funciones como las audiencias similares.

- Publicidad nativa

  Formatos de anuncios con una apariencia editorial nativa en sitios web objetivo. Utilice imágenes y llamadas a la acción relevantes.

- Influenciadores locales

  Pague por publicaciones promocionales en perfiles de personas influyentes de su región. Centrados y creíbles.

- Asociaciones con blogs

  Patrocina posts o haz trueques con sitios de tu segmento: promoción por promoción.

Herramientas como Google Trends y Keyword Planner te ayudan a descubrir los términos más buscados y con menor competencia, aumentando el alcance de tu dinero invertido en tráfico.

Plataformas como RD Station son ideales para automatizar, gestionar y escalar tus campañas, incluso sin conocimientos técnicos previos.

Estrategias para anuncios baratos y eficaces

He aquí algunos consejos de oro para invertir en publicidad digital de forma inteligente y económica:

- Empezar con un presupuesto y un tiempo limitados (por ejemplo, 300 reales al mes durante 2 meses).

- Anúnciese sólo a las audiencias más específicas y comprometidas

- Utiliza recursos de geolocalización para las personas de tu región

- Puja poco por clic para ganar cuota de voz

- Probar muchos contenidos, textos e imágenes diferentes

- Controle los resultados y el ROAS en tiempo real

- Detenga inmediatamente los anuncios que no funcionen

- Aumente el presupuesto para los anuncios realmente eficaces

Este proceso de prueba y error le enseñará muy rápidamente lo que realmente merece la pena y cómo maximizar cada céntimo invertido en llegar a otros clientes en línea.

Y recuerde: incluso con presupuestos pequeños, pero muy bien aplicados, los resultados en ventas y autoridad de marca pueden ser tremendos.

En el próximo capítulo, veremos las buenas prácticas para gestionar bien tu reputación online.

¡Nos vemos allí!

CAPÍTULO 9: RESPUESTA A LAS RESEÑAS Y GESTIÓN DE LA REPUTACIÓN ONLINE: CÓMO GESTIONAR LA REPUTACIÓN ONLINE DE SU EMPRESA Y RESPONDER A COMENTARIOS Y RESEÑAS

Hasta ahora has visto varias formas de aumentar tu presencia digital, atraer más clientes y mejorar tus ventas. Todo estupendo.

Pero es igual de importante cuidar tu reputación e imagen online. Al fin y al cabo, los comentarios negativos o las malas críticas pueden neutralizar rápidamente otros esfuerzos de marketing.

Por eso, en este capítulo vamos a tratar las buenas prácticas de gestión de la reputación online y cómo tratar las opiniones, respondiendo adecuadamente a los comentarios y reseñas para cultivar una percepción positiva de tu negocio.

Vamos allá

La importancia de la reputación online

No es ninguna novedad que cientos de consumidores investigan a una empresa en Internet antes de comprar sus productos o servicios. Y es precisamente a través de reseñas, valoraciones y menciones como se forjan una impresión de tu marca.

Herramientas para gestionar su reputación

Existen algunas soluciones online que te ayudan a hacer un seguimiento de todo lo que se dice de tu marca en Internet, como:

- Google Alerts: recibe actualizaciones por correo electrónico cuando se mencione tu empresa en nuevos contenidos.

- Google My Business: supervisa y responde a las reseñas dejadas por los clientes en las búsquedas locales de Google.

- Facebook Places: lo mismo que arriba dentro de Facebook.

- Sitios de reputación: supervise su puntuación agregada en sitios de reseñas populares.

Deje las alertas configuradas para que se le notifique rápidamente cuando se le etiquete en publicaciones de medios sociales o cuando reciba críticas muy negativas. Cuanto antes responda, mejor.

Buenas prácticas para responder a las críticas

Recuerde estos puntos de oro a la hora de comunicarse con sus clientes en Internet:

- Responda a todas las menciones públicas lo antes posible.

- Sé humilde, educado y no te pongas a la defensiva.

- Pida disculpas por el fallo o la frustración generados.

- Muestre un interés genuino en resolver el problema mencionado.

- Ofrezca opciones de contacto directo (por teléfono, correo electrónico o chat privado) para ofrecer apoyo.

- Agradéceles su tiempo y sus comentarios.

- Haz que tus respuestas sean visibles públicamente para crear autoridad.

Estas actitudes van mucho más allá de apagar fuegos. Refuerzan los lazos con sus clientes, convierten a los quejosos en defensores de su empresa y transmiten profesionalidad y preocupación a los nuevos visitantes que lean los comentarios.

La prevención también es la mejor medicina

Por supuesto, limitarse a reaccionar ante las críticas negativas no es lo ideal. Recuerde también que es más barato y eficaz prevenir que remediar una mala reputación.

Algunas estrategias preventivas eficaces son

- Deleite a sus clientes creando experiencias maravillosas que quieran compartir.

- Disponga de canales rápidos de comunicación posventa.

- Anticipe las quejas respondiendo directamente a las preguntas de los clientes.

- Pedir proactivamente a los buenos clientes opiniones de 5 estrellas.

- Cree un recurso seguro donde los clientes puedan dar su opinión en privado antes de hacerla pública.

Cuanto más cuidado y afecto dedique a su público, menos problemas de reputación tendrá su empresa.

Espero que estos consejos le ayuden a cultivar excelentes opiniones y respuestas en línea que refuercen la credibilidad tan importante para que su negocio local destaque en Internet.

En el próximo capítulo, veremos cómo establecer objetivos claros y medir los resultados de tus iniciativas en línea.

Nos vemos allí.

CAPÍTULO 10: PLAN DE ACCIÓN Y MEDIDAS DEL ÉXITO: DEFINICIÓN DE OBJETIVOS CLAROS Y MENSURABLES Y CÓMO EVALUAR EL ÉXITO DE SUS ESTRATEGIAS EN LÍNEA.

Llegados a este punto, ya ha aprendido las principales estrategias para aumentar su presencia y sus ventas en Internet.

Ahora es el momento de asegurarte de que pones todo esto en práctica de la forma más estructurada posible para impulsar realmente el negocio.

En este capítulo, te explicaré cómo elaborar un plan de acción sólido con objetivos claros, así como definir las métricas de éxito que te ayudarán a realizar un seguimiento de los resultados de tus iniciativas digitales.

¿Vamos con la lección final?

La importancia de un plan de acción

Antes de salir a ejecutar tácticamente las estrategias enseñadas en este libro, es esencial sentarse y construir un plan de acción bien definido que establezca qué hay que hacer, quién debe hacerlo, en qué plazo y con qué objetivo.

Esta planificación es importante por varias razones:

- Evita perderse entre cientos de posibilidades.

- Se centra en las actividades realmente esenciales

- Permite medir las mejoras y corregir el rumbo

- Implica y alinea a todos los miembros de su equipo

- Maximiza los resultados de cada iniciativa

Dedica unas horas a esbozar todos los componentes de este plan. Si te resulta demasiado difícil al principio, coge una plantilla de plan de marketing digital ya hecha y personalízala con tus datos. El duro trabajo de arquitectura ya estará hecho.

Establecer objetivos SMART

Uno de los primeros pasos aquí es definir objetivos específicos, medibles y realistas de acuerdo con tus KPI y tu situación actual.

Utilice para ello el concepto SMART:

S - Específicos

M - Mensurable

A - Alcanzable

R - Relevante

T - Limitado en el tiempo

Ejemplos de aplicación de la fórmula:

- Aumentar las ventas un 20% en los próximos 3 meses

- Conseguir 10 nuevos clientes potenciales a la semana en 6 semanas

- Recibir 30 opiniones de 5 estrellas en el próximo trimestre

Tener estos objetivos claros sobre lo que hay que cambiar hace que sea más tangible trazar acciones y - seguir esta evolución con números a lo largo del tiempo definido.

KPI: sus indicadores vitales

Ya hemos hablado mucho de la importancia de definir métricas clave que serán tu guía para saber si tus acciones están funcionando o no. Estos son algunos de los principales KPI que debes tener en cuenta en tu planificación:

- Ventas online / facturación mensual

- Número de nuevos clientes captados

- Leads o contactos cualificados captados

- Tráfico directo y orgánico a su sitio web

- Alcance, compromiso y seguidores en las redes sociales

- Tasa de conversión de visitantes en ventas

- Coste por captación de clientes

Herramientas como Google Analytics, su herramienta de

marketing por correo electrónico y los cuadros de mando de redes sociales le proporcionarán estas cifras. Compárelas con sus objetivos y metas.

Programar la ejecución

Una vez que tenga las ideas, las métricas y los objetivos, es hora de ejecutar su plan de marketing digital.

Planifíquelo todo en un calendario:

- Próximos 3 meses (90 días)

- Dividido en semanas

- Con cada iniciativa determinada (por ejemplo, publicar sobre X tema, configurar el píxel de Facebook, etc.)

- Definir responsabilidades y estatus

Esto guiará a tu equipo y tus propios esfuerzos para implementar todos los frentes del plan de forma organizada y centrada.

Revisa este calendario semanalmente para evaluar los progresos. Si es necesario, reprograme los plazos o reorganice las actividades en función de lo aprendido.

Trabaje siempre con ciclos de 90 días en esta planificación. Al final de estos ciclos, reevalúe a fondo sus KPI, objetivos y plan de acción.

¡Hemos llegado al final!

Espero que ahora te sientas mucho más seguro a la hora de poner en práctica las estrategias de marketing digital enseñadas a lo largo de este libro y, lo que es más importante, hacerlo de la forma más estructurada posible para tener éxito con tus objetivos finales de presencia online y ventas.

Asimile este contenido, aplíquelo a su contexto específico y ¡dominemos juntos el entorno digital!

CAPÍTULO 11: CONCLUSIÓN Y HOJA DE RUTA PARA APLICAR LAS ESTRATEGIAS APRENDIDAS DURANTE LOS PRÓXIMOS 90 DÍAS, EMPEZANDO HOY MISMO: UN PASO A PASO DIARIO PARA QUE LOS EMPRESARIOS

APLIQUEN LAS SENCILLAS ESTRATEGIAS

Hemos llegado al capítulo final de nuestro viaje para impulsar tu presencia digital.

A lo largo de las lecciones anteriores, hemos aprendido decenas de estrategias, técnicas y conocimientos sobre marketing digital con el objetivo de atraer más clientes y ventas a tu negocio.

Pero, ¿cómo poner todo esto en práctica durante los próximos meses de forma coherente, estructurada y con resultados?

En este capítulo final, he creado una guía paso a paso con acciones diarias para los próximos 90 días con el fin de aplicar TODAS las enseñanzas presentadas hasta ahora en su contexto específico.

¡Es una guía completa y motivadora para que consigas pequeñas victorias día a día que se irán sumando hasta hacer realidad la tan soñada transformación digital de tu negocio!

¿Estás listo para ponerte manos a la obra? Entonces, ¡manos a la obra!

SEMANA 1 - PRIMEROS PASOS

LUNES

Objetivo: Definir sus KPI de éxito

Haz una lluvia de ideas inicial y elabora un mapa mental de todos los posibles indicadores que pueden medir el éxito online de tu negocio en los próximos meses. Analiza cada uno de ellos y elige entre 5 y 7 KPI esenciales que serán tu "termómetro" digital para controlar si las cosas van por buen camino.

Algunas sugerencias: tráfico orgánico del sitio web, número de seguidores en las redes sociales, ventas online generadas, número de nuevos contactos captados, etc.

MARTES

Objetivo: Establece tus objetivos

A continuación, cuantifica a dónde quieres llegar en un periodo de tiempo determinado para cada uno de esos KPI que elegiste ayer. Recuerda el concepto SMART: objetivos específicos, medibles, alcanzables, relevantes y con un plazo bien definido.

Ejemplos: aumentar el tráfico del sitio web en un 30% en los próximos 90 días, conseguir 500 nuevos clientes potenciales en 2 meses, etc. Esto te ayudará a guiarte por los datos y a tener un indicador realista de tu progreso.

MIÉRCOLES

Objetivo: Definir el comprador principal

Reflexione y anote las características demográficas, comportamientos, intereses y valores típicos de su público objetivo o persona compradora principal de hoy. Consulte los datos de sus clientes actuales si es necesario.

Incluya aspectos como la edad y el sexo más comunes, la ubicación geográfica, los cargos o el campo de trabajo más frecuentes, qué problema les resuelve su producto o servicio, etc.

Definir a tu cliente ideal te ayudará a orientar todas tus próximas acciones de una forma mucho más asertiva, hablándole directamente desde el principio.

JUEVES

Objetivo: Investigar palabras clave relevantes

Utiliza Google Keyword Planner u otras herramientas para descubrir las principales palabras clave y términos que busca tu público objetivo cuando quiere encontrar o comprar algo relacionado con tus productos o servicios.

Haz una lista de las 20 palabras de búsqueda más relevantes y de las 20 frases con menos competencia. Necesitará estos términos para aplicarlos en varios frentes de SEO durante los próximos días.

VIERNES

Objetivo: Definir su propuesta única de venta

Piensa detenidamente y escribe cuál es la principal ventaja competitiva de tu negocio. En otras palabras, esa característica especial que te diferencia de tus competidores a los ojos del consumidor.

Este será un concepto importante que deberá transmitir en su contenido durante las próximas semanas y que impulsa muchas de las estrategias recomendadas en este libro.

SEMANA 2 - OPTIMIZACIÓN DEL SITIO WEB

LUNES

Objetivo: Configurar Google Analytics + otras integraciones

Instale el código de seguimiento de Google Analytics en todas las páginas de su sitio, si aún no lo ha hecho. Esta herramienta es esencial para extraer información sobre su tráfico. Integre también otras soluciones de seguimiento, como el píxel de Facebook, herramientas de chat en línea y otros recursos útiles para realizar un seguimiento de los visitantes y clientes potenciales.

MARTES

Objetivo: Actualizar la información de la página web

Compruebe que toda la información básica del sitio web, como los teléfonos de contacto, la dirección de la tienda física, los horarios de apertura, las páginas institucionales, etc., está correctamente cumplimentada. Así evitará ruidos de comunicación con sus visitantes.

MIÉRCOLES

Objetivo: Optimizar las páginas en función del SEO

Elija al menos 5 páginas principales de su sitio web y dedique unas horas a optimizar los textos de estas pantallas según las directrices SEO. Incluya palabras clave relevantes en el título, la url, los primeros párrafos, utilice etiquetas H1, H2 y enlaces internos entre los contenidos. Esto potenciará tu alcance orgánico.

JUEVES

Objetivo: Construir lead magnets / páginas de captura

Crea contenido gratuito (e-books, listas, guías, hojas de trabajo) centrado en tu buyer persona y con temas que aporten gran valor según sus dolores e intereses. Crea páginas estratégicas para capturar los datos (nombre y dirección de correo electrónico como mínimo) de quienes descarguen estos materiales a cambio. Estos leads serán importantes para muchas estrategias en los próximos días.

VIERNES

Objetivo: Establecer automatizaciones de marketing

Identifique las principales lagunas y puntos débiles de su embudo de ventas en línea y comience a diseñar flujos de automatización de marketing para resolver estos problemas. Por ejemplo: activar correos electrónicos de seguimiento para quienes descarguen un ebook, alertas para carritos abandonados, recomendaciones personalizadas, etc. Existen varias herramientas asequibles para configurar estos recorridos automáticamente en función del comportamiento de las personas. Busque Active Campaign, RD Station, Mailchimp, etc. Empieza a implementar al menos un flujo este fin de semana.

SEMANA 3 - TRÁFICO DE PAGO

LUNES

Objetivo: Definir su presupuesto publicitario mensual.

Determina qué parte de tus ingresos actuales puedes reinvertir cada mes en campañas de pago. Recuerda que para conseguir un crecimiento exponencial, las grandes marcas invierten entre un 10 y un 30% de media. Pero empieza por donde puedas, lo importante es empezar de cero y optimizar. Por ejemplo, 300 o 500 reales al mes pueden dar buenos resultados si se invierten bien.

MARTES

Objetivo: Instalar el píxel de Facebook

Instala el píxel de Facebook en tu sitio lo antes posible. Este pequeño trozo de código te permitirá hacer un seguimiento de las conversiones que se hayan producido a través de las campañas y anuncios que realices en esta red, además de posibilitar la creación de públicos objetivos similares para escalar cada vez más.

MIÉRCOLES

Objetivo: Crear su cuenta de Google Ads

Cree su cuenta en la plataforma Google Ads. Comience por familiarizarse con la interfaz y explore las opciones de campaña centradas en el alcance, como los anuncios de display y los anuncios de descubrimiento. No olvide descargar el Editor de anuncios de Google para facilitar la gestión de sus campañas desde su escritorio. Mañana lanzaremos allí nuestro primer anuncio.

JUEVES

Objetivo: Lanzar tu primer anuncio en Facebook / Instagram

Crea tu primera campaña de pago segmentada para atraer

más seguidores y engagement en las redes sociales. Céntrate en esto inicialmente, luego generaremos tráfico a tu sitio web y trabajaremos en las conversiones. Explora los formatos de anuncios de Facebook Business Manager, empezando por los anuncios de respuesta (llamadas a la acción para conseguir "me gusta", suscripciones, etc.). Establece un presupuesto inicial bajo, algo así como 15 o 20 dólares al día para probar.

VIERNES

Objetivo: Configurar las alertas de Google

Dentro de la herramienta Alertas de Google, registra palabras clave relacionadas con tu negocio y algunos errores ortográficos comunes para recibir una alerta cada vez que alguien publique algo en Internet sobre tu marca. Esto te ayudará a monitorizar las conversaciones relevantes y tu reputación online las 24 horas del día.

SEMANA 4 - CORREO ELECTRÓNICO, RELACIONES Y REPUTACIÓN

LUNES

Objetivo: Crear una página de aterrizaje estandarizada

Configure una página de "Gracias" estándar que se muestre tras las conversiones de objetivos importantes, como suscripciones a listas, compras y descargas. Estructúrela visualmente en línea con las páginas de su sitio web e incluya instrucciones para los siguientes pasos, como consultar el correo electrónico de bienvenida.

Esto aumenta su credibilidad y la tasa de retención de estos clientes potenciales recién adquiridos.

MARTES

Objetivo: Producir una serie de posts útiles

Crea una lista de al menos 10 ideas de posts que puedas

compartir durante las próximas semanas, aportando ideas y soluciones a los dolores y dudas comunes de tu buyer persona. Cuanto más útil y relevante sea para tu audiencia, más engagement generará.

MIÉRCOLES

Objetivo: Configurar un email de bienvenida automático

Dentro de tu plataforma de email marketing y automatización de marketing, crea un flujo para que cada nuevo contacto que se suscriba a tus listas reciba inmediatamente un email de bienvenida automático. Personalízalo con el nombre del contacto, presenta mejor tu marca e incluye un incentivo para la interacción.

JUEVES

Objetivo: Activar las respuestas rápidas en Facebook / Instagram

Dentro de la configuración de tus páginas en redes sociales, activa la función de respuestas rápidas. De esta forma podrás seleccionar mensajes predefinidos para ciertas preguntas o peticiones comunes que tu audiencia envía, agilizando la asistencia. Pero no lo dejes 100% automático, cultiva las relaciones respondiendo manual y personalmente siempre que puedas.

VIERNES

Objetivo: Pedir reseñas en plataformas públicas

Es probable que tu negocio ya tenga algún perfil de reputación pública, como en Google, Facebook o plataformas de reseñas. Hoy, pide activamente a tus buenos clientes que dejen una reseña de 5 estrellas en estos sitios. Esto contribuirá en gran medida a crear autoridad y seguridad para nuevos clientes potenciales.

SEMANA 5 y 6 - CONTINUIDAD CON UN ENFOQUE A LARGO PLAZO

Ahora que ya hemos puesto en marcha varias iniciativas clave, es hora de continuar y empezar a pensar constantemente en nuevas estrategias a medio y largo plazo, observando siempre los KPI y ajustando los esfuerzos en consecuencia.

En las próximas 2 semanas, recomiendo

- Dar seguimiento a las ideas de posts útiles, convirtiéndolas en un calendario editorial consistente.

- Invierte una hora al día en producir nuevas páginas y contenidos para tu sitio.

- Crear nuevas campañas de pago con diferentes objetivos y segmentos de audiencia.

- Unirse a grupos relevantes de Facebook y Reddit para interactuar con su buyer persona.

- Hacer pruebas incrementales de copy y creatividades en tus anuncios online.

- Buscar en Google sitios que hablen de su empresa o que tengan potencial para futuras colaboraciones.

Y así sucesivamente. Mantén tu plan de acción en marcha continuamente, buscando siempre pequeñas mejoras tanto en los esfuerzos a corto plazo como en las iniciativas que sólo aportarán resultados consistentes a medio y largo plazo.

Acuérdese también de celebrar cada pequeña victoria. Todo suma para mantenerte a ti y a tu equipo motivados en este viaje de crecimiento exponencial.

SEMANA 7 - OPTIMIZACIONES Y NUEVOS HORIZONTES

Ha llegado el momento de nuestro primer análisis en

profundidad para que podamos comprender juntos lo que ha funcionado y lo que no en este primer ciclo llevado a cabo durante las últimas 7 semanas.

En primer lugar, echa un vistazo a los principales resultados en Google Analytics, Facebook Ads Manager y otras soluciones de seguimiento:

- ¿Han aumentado el tráfico, las ventas y los clientes potenciales? ¿En qué medida?

- ¿Qué páginas y canales han funcionado mejor?

- ¿Está aumentando el compromiso con el contenido?

- Compáralo todo con los objetivos que nos fijamos en la semana 1. ¡Celebra las victorias!

A continuación, echa un vistazo crítico a tu presencia digital. Algunas preguntas que te ayudarán:

- ¿A qué problemas se sigue enfrentando mi público con frecuencia?

- ¿Cómo puedo mejorar aún más la experiencia de la gente con mi marca?

- ¿A qué nuevos segmentos de clientes podemos acceder?

- ¿Qué asociaciones estratégicas deberíamos empezar a desarrollar?

- ¿Cómo podemos aportar innovación y diferenciarnos en este mercado?

Deje que surjan nuevas percepciones e ideas para probar. Y defina al menos tres retos de crecimiento que abordar en el próximo ciclo de 90 días.

Vas por buen camino. ¡Sigue así!

SEMANA 8 HASTA EL FINAL DE LOS 90 DÍAS - CRECIMIENTO

EXPONENCIAL

Ahora, amigo mío, tienes todas las herramientas para cosechar los frutos del marketing digital y llevar tu negocio a nuevas cotas en los próximos meses.

Sigue implementando nuevas iniciativas, optimizando los esfuerzos existentes y cultivando más y más relaciones con tu audiencia.

Los secretos para ir cada vez más rápido son la constancia, la disciplina y la organización. Así que mantén tu plan de acción en continuo movimiento, analizando periódicamente lo que funciona y lo que hay que ajustar.

Celebre cada pequeña victoria y cada nuevo cliente que gane. Evoluciona, innova y adáptate rápidamente a los cambios en tu segmento y en el comportamiento de los consumidores.

Creo en su potencial. Ahora, ¡continuemos juntos este viaje hacia el siguiente nivel!

Cuídate y que tu negocio prospere gracias a todo lo que has aprendido aquí. Salud.

Entonces, ¿estás listo para iniciar tu viaje a la cima del mundo digital? Recuerde que el campo digital está en constante cambio, y mantenerse al día es la clave para mantener una ventaja competitiva. Si necesitas ayuda en este viaje, llámanos.

REGINALDO OSNILDO

Soy Reginaldo Osnildo, su experto en estrategia de comunicación y mentor en el camino hacia el éxito digital.

Con una carrera enraizada en la academia, como profesor e investigador en la Universidad del Sur de Santa Catarina, y una carrera práctica como estratega en el Grupo Catarinense de Rádios, he desarrollado un conjunto único de habilidades. Mi doctorado especializado en narrativas de ventas y convergencia digital, junto con mi máster centrado en storytelling e imaginería social, me permiten crear estrategias que transforman las empresas.

¿Qué ofrezco?

- Estrategias de comunicación personalizadas que resuenen con tu público objetivo.

- Técnicas avanzadas de storytelling para fortalecer tu marca.

- Conocimientos actualizados de las tendencias digitales para mantener a su empresa a la vanguardia.

Ahora, imagine a su empresa estableciendo una presencia auténtica y poderosa en el mercado, logrando resultados que nunca creyó posibles. Estoy aquí para hacerlo realidad.

Ahora es el momento de actuar. El mundo digital no espera. Cada día es una nueva oportunidad para avanzar, para destacar. ¿Estás preparado para llevar a tu empresa a lo más alto? No deje escapar esta oportunidad.

Póngase en contacto conmigo y allanemos juntos el camino hacia el éxito digital. Estoy a una llamada o un correo electrónico de distancia.

Atentamente

Reginaldo Osnildo, PhD.

+55 48 991913865

reginaldoosnildo@gmail.com